12 동물 관리

한밤중 동물 친구들에게 생긴 일

글 세렌디 그림 김숙경 감수 국립생태원

국립생태원
NIE PRESS

"다들 어서 일어나! 오늘 저녁 식사는 정말 최악이었지?"
아름이 사육사가 나간 지 얼마 지나지 않아
투투가 극지관에 있는 펭귄들에게 소리쳤어요.
투투는 에코리움의 툴툴 대장 펭귄이에요.
언제 어디서나 투덜대기 바빠서
동물 친구들이 투투라고 불러요.
아름이 사육사가 퇴근을 하고 나면 밤마다
그날 있었던 불평불만을 마구 쏟아 내지요.

🌱 극지관은 어떤 곳인가요?

온대 지역에서 극지방에 도달하기까지의 생태 변화를 살펴볼 수 있도록 조성된 곳이에요. 우는토끼, 북극여우, 북극곰, 남극도둑갈매기 등 다양한 박제 표본을 활용하여 극지 생태계를 재현했어요. 또한 빙설 기후가 나타나는 남극과 북극에 서식하는 식물 10여 종이 전시되어 있고, 남극 펭귄인 젠투펭귄 8마리와 턱끈펭귄 4마리가 살고 있는 곳이지요.

국립생태원은 한반도 생태계를 비롯하여 열대, 사막, 지중해, 온대, 극지 등 세계 5대 기후와 그곳에서 서식하는 동식물을 한눈에 관찰하고 체험할 수 있는 생태 연구·교육·전시 종합 기관입니다. 국립생태원 출판부(NIE PRESS)는 소중한 생태 정보와 이야기를 엮어 유아부터 성인, 전문가에 이르는 다양한 독자를 위한 책을 만들고 있습니다.

정보 제공 및 내용 감수에 참여한 **국립생태원 연구원**
강종현(동물관리부) 계하은(동물관리부)
김두환(동물관리부) 박상민(동물관리부)
박설희(동물관리부) 임헌명(동물관리부)
전병길(동물관리부) 주종우(동물관리부)

에코스토리 12 국립생태원이 들려주는 **동물 관리** 이야기
한밤중 동물 친구들에게 생긴 일

발행일 2019년 9월 10일 초판 1쇄 발행
글 세렌디 | **본문그림** 김숙경 | **부록그림** 박소영

발행인 박용목
책임편집 유연봉 | **편집** 전세욱 | **구성·진행** 강승연 조현민
아트디렉터 신은경 | **디자인** 디자인아이(진선미 김영주 양신영) | **사진** 국립생태원(동물관리부)
발행처 국립생태원 출판부 | **신고번호** 제458-2015-000002호(2015년 7월 17일)
주소 충남 서천군 마서면 금강로 1210 / www.nie.re.kr
문의 041-950-5999 / press@nie.re.kr

ⓒ 국립생태원 National Institute of Ecology, 2019
ISBN 979-11-89730-75-8 74400
      979-11-88154-02-9(세트)

※이 책에 실린 모든 글과 그림을 저작권자의 허락 없이 무단으로 사용하거나 복사하여 배포하는 것은 저작권을 침해하는 것입니다.
⚠ 주의 다칠 우려가 있습니다. 본 교재를 던지거나 떨어뜨리지 않도록 주의하십시오. 고온 다습한 장소나 직사광선이 닿는 장소에는 보관을 피해 주십시오.

"투투, 이제 그만 좀 해!"
"아름이 사육사가 우릴 위해 얼마나 애쓰는데."
날마다 투덜대는 투투 때문에 피곤했던 다른 펭귄들이
투투를 향해 큰소리를 냈어요.
"쳇! 너희들하고는 대화가 안 돼!
너희는 고마워하며 잠이나 실컷 자라고!"

다른 친구들한테 가 봐야겠어. 아마 내 마음이랑 같을걸?

밖으로 나온 투투는 수조에서 수영을 하고 있는 블랙팁샤크를 만났어요.
뭐가 그리 좋은지 행복한 얼굴로 수영을 하고 있었지요.
"블랙팁샤크, 넌 뭐가 그렇게 즐거워? 수조 안이 답답하지 않니?"
투투가 수조를 들여다보며 물었어요.
"무슨 소리! 여기만큼 나한테 딱 맞는 곳은 없어.
찌꺼기 하나 없는 맑고 깨끗한 물, 그리고 적당한 온도!
이곳에서 내가 건강하게 지낼 수 있는 건 바로
아름이 사육사가 관리해 주는 생명 유지 장치 때문이야."

"생명 유지 장치? 그게 뭔데?"
"생명 유지 장치란 나처럼 수족관 안에 사는 생물들의 먹이 찌꺼기나 배설물 등을 걸러 주고, 물을 깨끗하게 해 주는 장비야. 우리가 살아가기 적합한 환경을 만들어 주는 거지."
조금 어렵긴 했지만 투투는 호기심이 생겨 블랙팁샤크의 이야기를 열심히 들었어요.

"생명 유지 장치가 하는 일 가운데 가장 중요한 일이 뭔지 알아?"

블랙팁샤크가 호기심 어린 눈을 반짝이는 투투한테 물었어요.

"응? 그게 뭔데?"

"바로 암모니아*를 없애는 일이야.

우리는 먹이를 먹고 소화하는 과정에서 방귀를 뀌는데,

그 방귀에는 암모니아가 들어 있거든.

방귀를 뀔 때마다 우리가 사는 물속에 암모니아가……."

"자, 잠깐. 뭐라고? 물속에서 방귀를 뀐다고?"

***암모니아** 식물체에 대한 질소 공급원으로 매우 유용하게 쓰이는 물질로 특히 냄새가 고약하고 자극적이에요.

자꾸 방귀를 뀌니까 물이 오염되잖아!

🌱 생명 유지 장치(LSS : Life Support System)란 무엇일까요?

국립생태원에서는 7톤 규모의 전시 수족관에 생명 유지 장치를 설치해 수족관에서 발생하는 오염 물질을 정화하는 과정을 엘에스에스(LSS) 모니터링 시스템 현황판을 통해 쉽고 편리하게 체크하며 관리하고 있어요. 수족관 속 물이 깨끗하기 때문에 관람객은 자신들의 환경에서 생활하는 생물의 모습을 자세히 관찰할 수 있답니다.

"맞아. 바다나 호수 같은 자연환경에서는
오염된 물이 저절로 깨끗해지는 자정 작용이 일어나지만,
수족관 안에서는 생명 유지 장치가 있어야 암모니아를 없앨 수 있어."
투투는 자기가 사는 물속에 방귀를 뀐다는 것이 이해가 안 됐지만
생명 유지 장치가 있어서 다행이라고 생각했어요.
"아름이 사육사가 생명 유지 장치를 잘 관리해 주어서
우린 이렇게 물속에서 건강하게 숨 쉬고 살 수 있는 거야."
투투는 아름이 칭찬이 나오자 기분이 썩 좋지 않았어요.

생명 유지 장치가 있어서 괜찮아!

이번에 투투가 찾아간 곳은 일 년 내내 여름인 열대관이었어요.

"아유 더워! 여긴 왜 이렇게 더운 거야?

어, 나일악어야, 안녕! 나야, 투투."

투투는 얼굴을 빼꼼 내밀며 말했어요.

"투투야, 안녕. 여긴 어쩐 일이야?"

느릿느릿한 말투로 나일악어가 인사를 했어요.

"그냥 왔어. 그런데 열대관은 계속 이렇게 덥고 습해?

대체 이 하얀 연기 같은 것들은 또 뭐야?"

손부채를 부치며 투투는 짜증난 듯 물었어요.

"이건 인공 강우와 인공 안개라고 하는 건데,

더운 온도와 높은 습도를 유지해 주는 장치야."

흥, 칫! 나일악어하고도 말이 통할 것 같지 않네.

"생태원에서 이 장치를 날마다 관리해 주고,
아름이 사육사가 깨끗하게 청소해 주어서 정말 살기 좋아.
오래전 내가 나일강에 살 때는 강 주변을 개발하면서
환경이 파괴되어서 그곳에서 살기가 무척 힘들었어.
그런데 지금 열대관은 내가 살기 딱 좋아서 참 고맙지."
'또 아름이야? 대체 아름이는 하는 일이 뭐 이렇게 많아?'
투투는 괜스레 투덜대며 열대관에서 나왔어요.

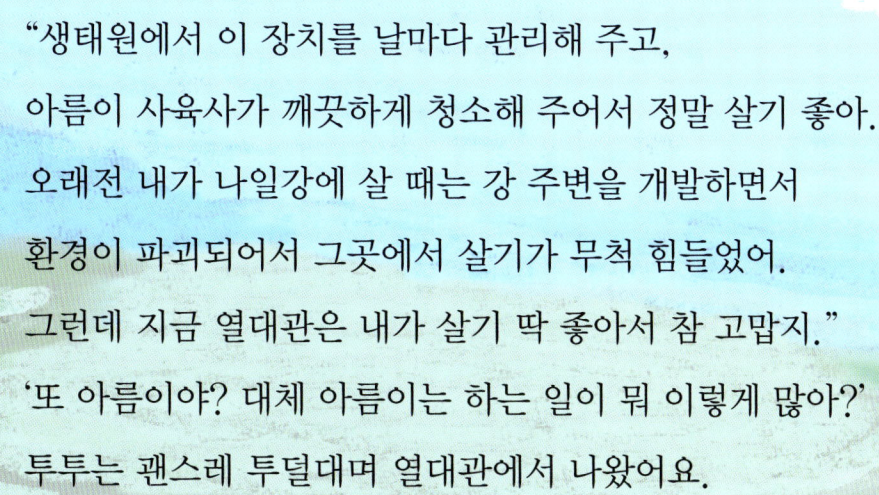

🌱 열대관은 어떤 곳인가요?

지구촌 생물 다양성의 천국, 열대 우림을 재현한 곳으로 총면적 3,192제곱미터(m^2) 규모예요. 여름 기온은 35도(℃) 이하, 겨울 기온은 22도(℃) 이상, 습도는 60~90퍼센트(%)를 유지하고 있어요. 양서·파충류 20여 종, 어류 160여 종, 식물 700여 종의 개체 수를 보유하고 있지요. 열대관 친구들로는 피라루크, 열대산호, 물총고기, 나일악어, 알다브라육지거북 등이 있답니다.

투투는 사막관으로 왔어요.
"아이, 깜짝이야. 투투, 여긴 왜 왔어?"
잔뜩 긴장하고 주위를 살피던
검은꼬리프레리독이 깜짝 놀라 물었어요.
"뭘 그렇게 깜짝 놀라?"
"후유, 난 또 이 밤에 적이 나타났나 했지."
"참, 축하해! 새끼들이 태어났다면서. 정말 귀엽겠다."
"응, 우리 아가들 정말 예쁘지.
모두 아름이 사육사 덕분이야."
"아름이 사육사가 왜? 뭘?"
투투는 날카롭게 물었어요.

🌱 사막관은 어떤 곳인가요?

연평균 강수량이 250밀리미터(mm) 이하로 건조하고 한겨울에도 10도(℃) 이상 온도가 유지되는 더운 지역이에요. 파충류 9종, 450여 종의 선인장과 다육 식물이 전시되어 있으며, 사막관에 전시된 대부분의 식물은 국제 거래가 엄격하게 규제된 멸종 위기에 처한 종이지요.

"우리는 번식기나 출산기에 주변이 시끄러우면
정말 정말 힘들거든. 그런데 아름이 사육사가 많이 도와줬어.
조용하고 편안하게 출산할 수 있게 터널 모양 굴을 만들어 주고
우리를 보러 온 사람들한테 조용히 해 달라고 주의도 줬어.
덕분에 이렇게 예쁜 아가들을 만날 수 있었지 뭐야."
이야기를 듣다 말고 투투는 터덜터덜 사막관을 나와 버렸어요.

'온대관에 사는 수달은 나와 생각이 같을지도 몰라.'
투투는 혼잣말을 하며 온대관 실내를 지나 야외로 갔어요.
"오, 내가 좋아하는 밥 먹는 시간인가? 룰루루 랄라라!"
누군가 온 기척을 느꼈는지 수달이 고개를 빼꼼히 내밀었어요.
"에이, 아름이 사육사가 아니네?"
실망한 듯한 수달을 보고 투투는 기분이 별로 안 좋았어요.
"투투 왔구나. 아름이 사육사가 오늘 내가 좋아하는
메기를 갖다주기로 해서 기다리는 중이었거든."
"수달 너도 아름이 사육사가 좋아?"
"당연하지. 나를 위해 날마다 맛있는 먹이를 주잖아. 히히히.
그리고 나는 멸종 위기 야생 생물 I급이잖니.
위험한 환경에 살던 나를 보호해 준 곳이 바로 여기야.
여기서 소중한 가족도 만들 수 있었고 말이야. 또……."
"그만, 그만! 알았어, 알았다고!"
심통이 난 투투는 수달이 하는 말을 끊고 얼른 발걸음을 돌렸어요.

> 🌱 **온대관은 어떤 곳인가요?**
>
> 한반도의 온대림, 제주도의 식생을 만날 수 있는 곳으로 온대관에는 제주도 곶자왈의 식물과, 한강과 그 주변에 서식하는 어류와 파충류 등이 전시되어 있어요. 야외에는 한반도의 산악 지역, 계곡 지역을 재현한 공간으로 구성되어 있으며 수달, 검독수리 등 온대 기후의 동물이 생활하고 있지요.

투투는 새 친구 순다늘보원숭이를 찾아가기로 했어요.
혹시 순다늘보원숭이는 투투의 마음을 이해할지도 모르니까요.
"안녕, 나는 극지관에 사는 투투라고 해."
"안녕, 반가워. 여긴 어떻게 왔니?"
"새로운 곳에 와서 잘 지내는지, 불편한 건 없는지 궁금해서."
투투는 순다늘보원숭이가 불만을 털어놓길 기대하며 말했어요.
"그런 일로 날 만나러 왔다니, 고마워.
여긴 친구들도 많고, 정말 좋은 곳이야.
그리고 아름이 사육사 덕분에 금세 적응할 수 있었어."
"아, 그, 그래? 그렇구나."
투투의 목소리가 다시 작아졌어요.
"사실 난 작고 귀여워서 날 키우고 싶어 하는 사람이 많았어.
그런데 내가 사람들한테 상처를 입힐까 봐
내 이빨을 모두 뽑아 버렸고,
그것 때문에 병이 생기니까 나를 버렸어.
그래서 난 더 이상 사람들을 믿을 수가 없었어."
투투는 속으로 깜짝 놀랐어요.

🌱 순다늘보원숭이는 어떤 동물일까요?

순다늘보원숭이는 국제적 멸종 위기종(CITES) I급 동물이에요. 짧고 빽빽한 털을 가지고 있으며 동그란 얼굴과 두껍고 동그란 코를 지닌 원숭이지요. 팔꿈치 안쪽에 있는 샘으로부터 독성 물질을 만들어 내며 앞니를 이용해 털에 독소를 퍼뜨리는 위험성 때문에 사람들이 이를 뽑은 다음, 병이 나면 버리곤 했답니다.

"그런데 여기 에코케어센터에서 내 다친 눈과 몸도 치료해 주고,
아름이 사육사가 밤에 활동하는 날 위해 낮에 쉴 수 있는
은신처도 만들어 줬어. 또, 내가 멀리 건너뛰는 걸 잘 못하니까
나무와 줄을 연결해 자유롭게 이동할 수 있게 해 줬지."
투투는 멍하니 서서 순다늘보원숭이의 말을 들었어요.
"그리고 늦은 밤이어도 내가 배가 고프면 먹을 수 있게
이곳저곳에 먹이를 숨겨 놓기도 했어.
이게 가장 마음에 들어. 재미있기도 하고."
순다늘보원숭이의 말을 듣던 투투는
갑자기 심장이 쿵 하는 느낌이 들었어요.
투투가 몇 해 전 이곳에 처음 왔을 때가
생각이 났기 때문이에요.

🌱 에코케어센터는 어떤 곳인가요?

에코케어센터는 밀수되어 개인이 불법으로 사육하다가 버려진 동물들을 구조하여 국립생태원으로 이관한 후 보호하는 곳이에요. 이곳은 에이아이(AI) 등 주요 전염성 질병 발생 시 원내 조류를 피신시키고, 멸종 위기 동물 보호 및 국가 재난형 질병 예방의 중요성을 보여 주고 교육할 수 있는 곳입니다.

젠투펭귄인 투투는 몇 해 전 에코리움 극지관에 왔어요.
여기까지 비행기를 타고 오는 것도 힘들었지만
낯선 환경이 너무 두렵고 무서웠어요.
젠투펭귄은 황제펭귄과 킹펭귄에 이어 세 번째로 큰 펭귄이어서
관람객의 관심과 사랑이 집중되는 펭귄이기도 해요.
투투는 수많은 사람들의 관심도 부담스러웠어요.

🌱 **젠투펭귄은 어떤 동물일까요?**

젠투펭귄은 남극에 서식하는 펭귄이에요. 눈 위의 흰 얼룩무늬와 오렌지색 부리가 특징이며, 펭귄 중 꼬리가 가장 길어요. 걸을 때 빗자루 형태의 긴 꼬리가 바닥을 쓰는 모습을 볼 수 있지요. 날개의 한쪽 면은 흰색이고 가장자리는 검은색이에요. 양쪽 눈 위와 머리 위를 가로지르는 넓은 흰색 띠무늬가 특징이랍니다.

구석에 꼭꼭 숨어도 자꾸만 심장이 빠르게 뛰고 날개가 바르르 떨렸어요.
아무것도 안 먹고 싶고, 누가 다가오는 것도 싫었지요.
그런데 그때 아름이 사육사가 날마다 천천히 투투에게 손을 내밀었어요.
먹이를 먹는 것조차 쉽지 않았던 투투를 위해
아름이 사육사는 엄마처럼 직접 작은 생선을 하나, 둘 먹여 주기도 했어요.

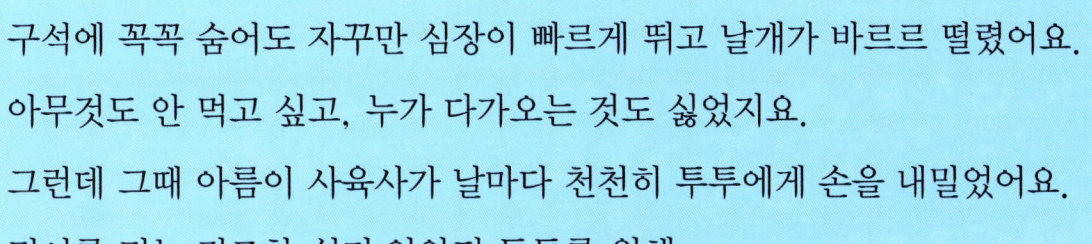

조심해야 할 텐데.

잘 먹고 있네.

그뿐만이 아니었어요.
남극에 살던 투투와 친구들을 위해
겨울에 낮이 긴 남극처럼 빛이 드는 시간을 조절해 주었어요.
남극과 최대한 비슷한 환경에서 지낼 수 있게 해 준 거예요.
그리고 자갈과 조약돌로 스스로 둥지를 만들 수 있게 하고,
인공 눈도 만들어 주어 지루하지 않게 해 주었어요.

🌱 플래시를 터트리면 안 돼요!

생태원이나 동물원 등을 관람할 때 동물들과 추억을 남기기 위해 많은 관람객들이 사진을 찍어요. 이때 꼭 알아두어야 할 점은 플래시를 절대 터트리면 안 된다는 거예요. 플래시 빛을 비추면 동물들에게는 일상생활에 해가 되는 스트레가 쌓인답니다.

또 관람객들로 인해 잦은 스트레스를 받는 펭귄들을 위해
극지관 내부에서는 관람객들이 보이지 않게 편광 필름*을 설치해
펭귄들의 스트레스를 줄여 주었어요.
펭귄 모니터링 연구실을 통해 이상 행동을 보이는 펭귄들이 생기면
누구보다 빨리 달려와 도와주기도 했지요.

*편광 필름 한방향의 빛만 통과시키는 필름으로, 한쪽 방향에서만 볼 수 있어서
관람객 때문에 스트레스 받는 동물 전시관에 설치하면 동물들이 편하게 지낼 수 있어요.

투투는 아름이 사육사와의 지난날을 생각해 보았어요.
귀찮아하던 투투에게 이것저것 하게 했던 건
행동 풍부화를 통해 좀 더 활발하게 놀 수 있게 도와주려던 거였어요.
또 수영도 하기 싫은 투투를 활동적으로 움직이게 했던 건
무섭고 아픈 지류증*을 예방하게 하려던 거였고요.
'아름이 사육사의 행동과 마음은 모두 날 위한 거였구나.'
투투는 그것도 모르고 귀찮다고 오해하고,
툴툴대기만 한 것 같아 괜스레 미안해지기 시작했지요.

***지류증** 조류의 발바닥에 세균이 감염되거나 염증이 생기는 병으로 조류에게는 치명적인 병이에요.

🌱 **동물 행동 풍부화란 무엇일까요?**

야생과 다른 환경은 동물들에게 스트레스로 다가오고 비정상적인 행동으로 나타나요. 그래서 행동 풍부화가 필요하지요. 사육사들은 동물에게 야생과 유사한 환경을 제공하고 여러 가지 자극을 통해 야생에서 보이는 행동을 유도해요. 이런 과정을 통해 비정상적인 행동을 감소시키거나 예방할 수 있어요.

다음 날 아름이 사육사는 아침부터 펭귄들을 하나씩 살펴봐요.
저녁은 잘 먹었는지, 싸우다 다치지는 않았는지,
아프거나 기분이 안 좋아 보이는 친구들은 없는지 말이에요.
투투는 그동안 심통 부리고 미워했던 마음을
사과하고 싶었어요.

투투는 뒤뚱뒤뚱 걸어가 멋지게 다이빙을 했어요.
그리고 재빠른 속도를 자랑하는 젠투펭귄답게
날렵하게 수영을 했지요.
'정말 멋있네! 역시 젠투펭귄이야.'
아름이 사육사가 활짝 웃었어요.
'아름이 사육사, 정말 고마워!'
투투는 한동안 물속에서 멋진 수영 실력을 뽐냈답니다.

동물들을 위해 플래시는 꺼야지!

'동물 사육사' 그들은 누구일까요?

사육사는 동물이 건강하게 살아갈 수 있게 도와주는 일을 전문적으로 하는 사람이에요. 예전에는 단순히 동물원에서 동물을 관리하는 일을 했지만, 점점 사육사의 활동 영역이 넓어지고 있어요. 동물을 돌보는 일과 함께 반려동물을 입양시키거나 훈련시키는 일부터 위기에 빠진 야생 동물과 멸종 위기 및 유기 동물을 구조하고 보호하는 일까지 정말 많은 일을 하고 있답니다. 그중 동물 사육사들이 하는 가장 중요한 일은 동물에게 자연과 유사한 환경을 제공하고 여러 가지 자극을 줌으로써 자연에서 보이는 행동을 유도해 내는 것과 행복하게 적응할 수 있도록 돕는 일이에요. 이것을 동물 행동 풍부화라고 부른답니다.

동물 행동 풍부화란?

동물원 및 수족관과 같이 사육 상태에 있는 동물에게 제한된 공간에서 생길 수 있는 무료함과 비정상적인 행동 유형을 줄여 주고, 야생에서 보이는 건강하고 자연스런 행동이 최대한 나타날 수 있도록 도움을 주는 모든 프로그램을 말해요.

동물 행동 풍부화의 종류

환경 풍부화
동물들이 사는 곳을 야생의 환경에 맞춰 변화시켜 동물의 행동을 풍부하게 만들어 줘요. 높은 곳을 좋아하는 오랑우탄에게 높은 구조물을 만들어 주는 것과 같은 일을 말해요.

먹이 풍부화
먹이 종류를 다양하게 하거나 야생에서 먹이를 구하기 위해 찾아다니는 행동을 유발하여 동물들이 흥미롭게 먹이를 찾을 수 있도록 해요. 먹이를 찾아서 먹도록 숨겨 두거나 도구를 이용해 먹도록 유도하는 것을 말해요.

사회성 풍부화
야생에서 무리를 이뤄 생활하는 동물에게 사회성 무리를 이루어 주고 야생의 환경을 고려하여 공생하는 다른 종과의 혼합 전시를 통해 동물들끼리 상호 작용을 할 수 있도록 하는 것을 말해요.

감각 풍부화
동물들이 야생에서 살아가는 데 필요한 감각을 자극해서 자연에서 보이는 행동을 유도하는 것을 말해요. 꽃, 솔방울, 다른 동물의 체취를 묻힌 물건 등을 주어 후각을 자극하거나 자연의 소리를 재생시켜 청각을 자극하기도 하지요.

놀이 풍부화(인지 풍부화)
동물들이 생각할 수 있도록 정신적 자극을 주어 행동이 풍부해지게 하는 거예요. 동물들이 좋아하는 놀이 및 활동이 가능한 놀잇감을 활용한 풍부화 활동을 말해요.

> 동물들이 적응을 잘할 수 있겠어!

동물 행동 풍부화의 효과

다양한 행동 풍부화 프로그램을 통해 이상 행동뿐 아니라 비만 등 여러 가지 질병을 예방함으로써 동물의 복지를 향상시켜요. 그리고 자연스러운 동물의 모습을 제공하여 관람객들에게 올바른 메시지를 전달해 주기도 하지요. 그 외에도 멸종 위기 야생 생물들의 번식, 생존과 같은 자연 본능을 유도하고 종의 보존을 위한 행동학적 연구를 가능하게 해요.

동물 사육에 관련된 직업은 무엇이 있을까요?

최근 들어 동물자원학과, 애완동물학과, 애완동물관리과, 특수동물학과 등 대학에 동물 관련 학과가 많이 생기고, 사육사들의 일도 점점 더 전문화 및 다양화되고 있어요. 기후 변화로 인해 멸종 위기 동물이 늘어나고, 반려동물에 대한 관심과 수요가 커지면서 동물 사육에 관련된 직업도 더 많이 생겨났답니다.

사육을 하는 사람들

아쿠아리스트

수족관에서 수생 생물을 사육·관리·연구하고, 전시회 등을 기획하는 전문가를 말해요. 이들은 주로 물속의 환경을 가능한 한 자연 상태와 비슷하게 조성하여 생물들이 수족관이라는 인공 환경 속에서 건강하게 살 수 있도록 돌봐 주는 일을 하지요. 수족관의 수질을 검사하고 여과 장치 등을 조작, 유지하며 수생 생물의 먹이를 준비하고 건강을 살피는 일을 해요.

사육사

사육사는 동물이 태어나서 자라는 과정을 함께 하며 동물이 건강하게 자랄 수 있게 보살피는 일을 해요. 먹이를 주는 일뿐 아니라 새끼를 잘 낳도록 도와주고, 사육장의 청결 상태를 유지해 주어요. 사육사는 돌보는 동물에 따라 곤충 사육사, 파충류 사육사, 조류 사육사 등으로 분류할 수 있어요.

치료와 예찰을 하는 사람들

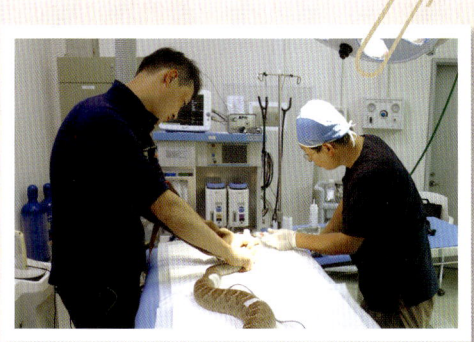

수의사

수의사는 동물들을 치료하는 의사예요. 과거에는 진단과 치료가 주요 업무였지만, 요즘은 동물 진료 기술과 의약품 개발, 야생 및 수생 동물의 보전, 동물 전염병의 예방 등 점차 활동 영역이 확대되고 있어요. 주로 동물 진료, 질병 방역, 검역 등의 일을 해요.

수의 간호사

수의 간호사는 동물 병원이나 관련 기관에서 주로 수의사의 진료 및 치료를 보조하는 일을 해요. 또 동물의 소변 검사, 피 검사, 엑스레이 검사 등의 진료 서비스를 제공하고, 동물의 행동과 상태를 관찰하고 응급 상황 시 응급 처치 및 간호를 담당하기도 해요.

자연으로 돌려보내 주는 사람들

야생 동물 재활사

야생 동물 재활사는 자연재해나 사고 등으로 다친 야생 동물을 구조하여 치료하고 재활 훈련을 도와주는 일을 해요. 그리고 다친 야생 동물들이 건강을 회복해서 다시 자연으로 돌아갈 수 있도록 돕지요. 때로 야생 동물의 몸에 위치 추적 장치를 달아 야생에서 잘 적응하는지 살피고 자료를 수집하기도 한답니다.

야생 동물 생태 복원사

야생 동물 생태 복원사는 인간과 야생 동물이 함께 살아가는 일을 가능하게 만드는 일을 해요. 자연 생태 관련 전문 지식과 숙련된 기술을 바탕으로 야생 동물이 사는 현장을 조사하고, 환경 오염으로 파괴된 생태계를 복원하는 일을 하지요.

국립생태원이 들려주는 에코스토리

01 전국 자연환경 조사
나는 독도의 마스코트

02 기후 변화 연구
빙글빙글 물방울의 여행

03 생명 공학 연구
황금쌀과 슈퍼 연어의 비밀

04 외래 생물 관리
하늘천의 무법자 블루길

05 생태계 연구
금개구리 왕눈이의 모험

06 생체 모방 연구
호기심쟁이 수현이와 발명가 삼촌

07 생물 다양성 협력
와글와글 세계 어린이 환경 뉴스

08 생태계 서비스 연구
자연이 주는 선물

09 멸종 위기종 관리
아슬아슬 사라지는 동물

10 지역 생태 협력
철새들의 천국 서천 유부도

11 식물 관리
무럭무럭 쑥쑥 식물 성장의 비밀

12 동물 관리
한밤중 동물 친구들에게 생긴 일

13 생태 교육
푸른이의 두근두근 생태 교실

14 생물 복원
다시 만날 동식물 친구들

15 에코뱅크
신나는 생태 지도 만들기